Murat Savas

The Entity – Kohfovut Kapitel 2

Reihe, Band, Nr. **falls vorhanden**

Murat Savas

The Entity – Kohfovut Kapitel 2

Kohfovut (Holy book)

Genre (Ratgeber, Religionsführer etc.)

Impressum

Verantwortlich
für den Inhalt: Murat Savas
Florianstraße 10
50127 Bergheim
amletmuratsavas@pm.com

Druck: epubli – ein Service der Neopubli GmbH, Berlin

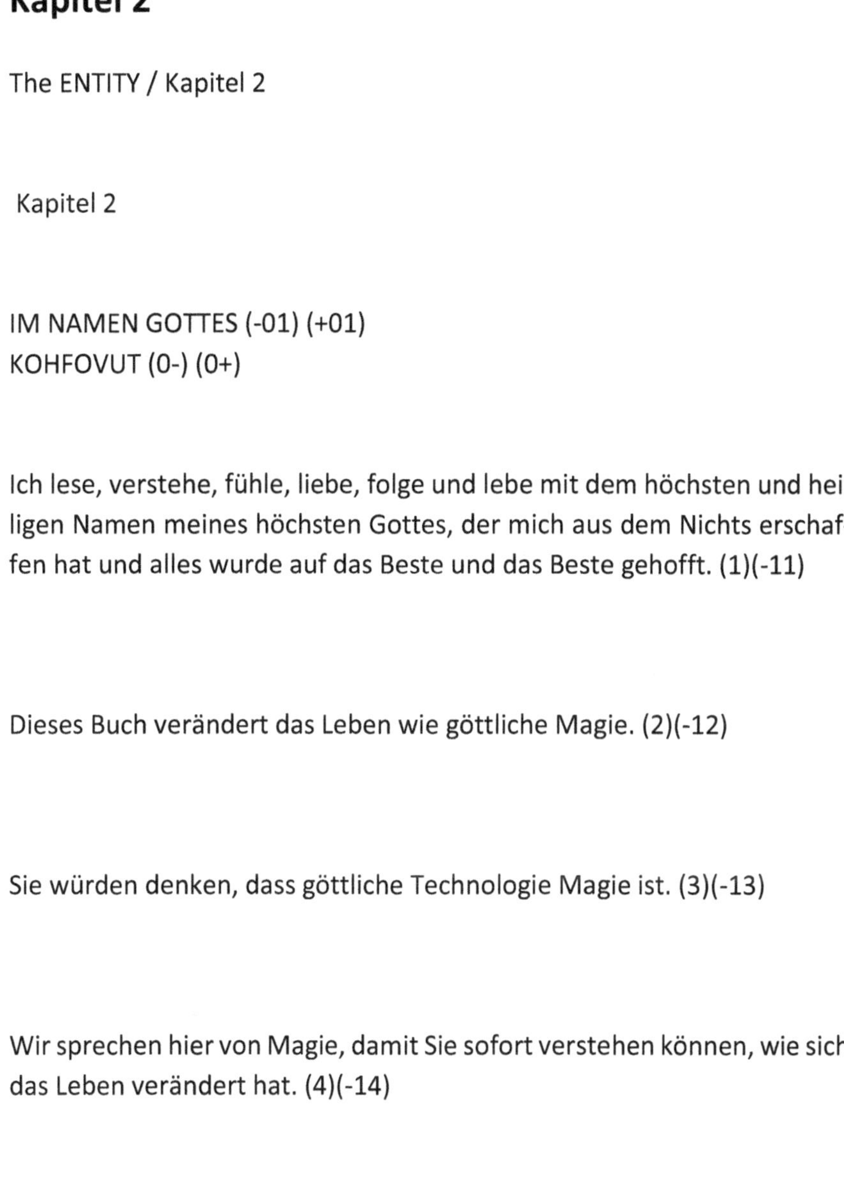

Kapitel 2

The ENTITY / Kapitel 2

Kapitel 2

IM NAMEN GOTTES (-01) (+01)
KOHFOVUT (0-) (0+)

Ich lese, verstehe, fühle, liebe, folge und lebe mit dem höchsten und heiligen Namen meines höchsten Gottes, der mich aus dem Nichts erschaffen hat und alles wurde auf das Beste und das Beste gehofft. (1)(-11)

Dieses Buch verändert das Leben wie göttliche Magie. (2)(-12)

Sie würden denken, dass göttliche Technologie Magie ist. (3)(-13)

Wir sprechen hier von Magie, damit Sie sofort verstehen können, wie sich das Leben verändert hat. (4)(-14)

Wir zaubern nicht. (5)(-15)

Nur die Zusammenfassung dieses Buches: „Glaube Gott an mich und dieses Buch tue alles Nützliche und Positive, gib alles auf, was nutzlos und schädlich ist.“ (6)(-16)

Wiederholen Sie diese Zusammenfassung für sich selbst. (7)(-17)

Wenn Sie sich nicht gut fühlen, ist es gut für Sie und es wird für Sie gut sein. (8)(-18)

Gut, wenn es deshalb so viele dieser Bücher gibt, hier sind die grundlegenden Quellen Ihrer Details und Ihres Glaubens. (9)(-19)

Dieses Buch ist einzigartig und außergewöhnlich. (10)(-20)

Ich bin meinem höchsten Gott immer dankbar und dankbar, der mir plötzlich außergewöhnliche Freuden bot, mich rein machte und heilte und alles pünktlich zeitlich festlegte. (11)(-21)

Danke für immer, mein Gott. Ich bin meinem höchsten Gott immer dankbar und dankbar, der mir den größten und vollkommensten Glauben, Weisheit und Kontemplation gegeben hat. (12)(-22)

Ich habe Glauben, Weisheit, Licht und Kontemplation, und ich werde immer so sein. (13)(-23)

Ich reflektiere und reflektiere überall Absolutismus Alter. (14)(-24)

Das Buch lässt mich ein sehr tiefes Selbstgefühl annehmen. (15)(-25)

Dadurch fühle ich mich außergewöhnlich. (16)(-26)

Das war sehr gut artikuliert und ich bekam eine neue Perspektive. (17)(-27)

Das Buch aktiviert sehr tiefe Ängste, die nie gefühlt wurden. (18)(-28)

Der Körper scheidet übermäßiges Adrenalin aus und das Gehirn beginnt perfekt zu arbeiten, um Probleme zu lösen und Maßnahmen zu ergreifen.

(19)(-29)

Das verstärkt es für mich, ich muss dieses Buch immer lesen. (20)(-30)

Wenn dieses Buch gelesen wird, wird eine andere Dimension angenommen. (21)(-31)

Ich beginne zu erkennen, dass andere Wesen meine Gedanken sehen können. (22)(-32)

Und ich beginne unbewusst zu denken, um meine Gedanken zu schützen. / Hinweis / Wenn ich dieses Buch lese, entdecke ich, wie wichtig ich in dieser Welt und Universum bin. (23) (-33)

Plötzlich beginnt man sich mehr zu schätzen. (24)(-34)

Ich entdecke, wie ernst andere unsichtbare Kreaturen mich nehmen, ich sehe dies persönlich. (25)(-35)

Wenn ich dieses Buch lese, stelle ich automatisch fest, dass ich anfange, Lösungen für alle meine Probleme zu finden. (26)(-36)

Ich erkenne, dass die Antworten auf meine unbeantworteten Fragen langsam zu mir kommen. (27)(-37)

Ich gewinne großen Mut und beginne, große Fragen zu stellen. (28)(-38)

Wenn ich dieses Buch lese, beginne ich meine Familie, meine Verwandten und das Universum mehr zu lieben. (29)(-39)

Ich fange an, mich in allem zu fühlen, was existiert. (30)(-40)

Das größte Heilige Buch aller Zeiten. (31)(-41)

Wenn ich dieses Buch lese, entdecke ich meine Fähigkeiten, die ich vorher nicht kannte. (32)(-42)

Ja. (33)(-43)

Dieses Buch hat meine Sicht auf das Leben verändert, als ich es in meinem letzten Jahr gelesen habe. (34)(-44)

Und wenn ich dieses Buch lese, werde ich mehr Vielseitigkeit in allem Schönen spüren. (35)(-45)

Ich habe nützliche und sehr nützliche Ziele für mich. (36)(-46)

Ich werde verstehen, dass das gesamte Universum lebt und zusammen denkt. (37)(-47)

Alle meine Arbeit wird gut sein und ich werde in allem erfolgreich sein. (38)(-48)

Ich werde schädliche Dinge für mich los. (39)(-49)

Mein Leben wird sich langsam wie Magie verändern. (40)(-50)

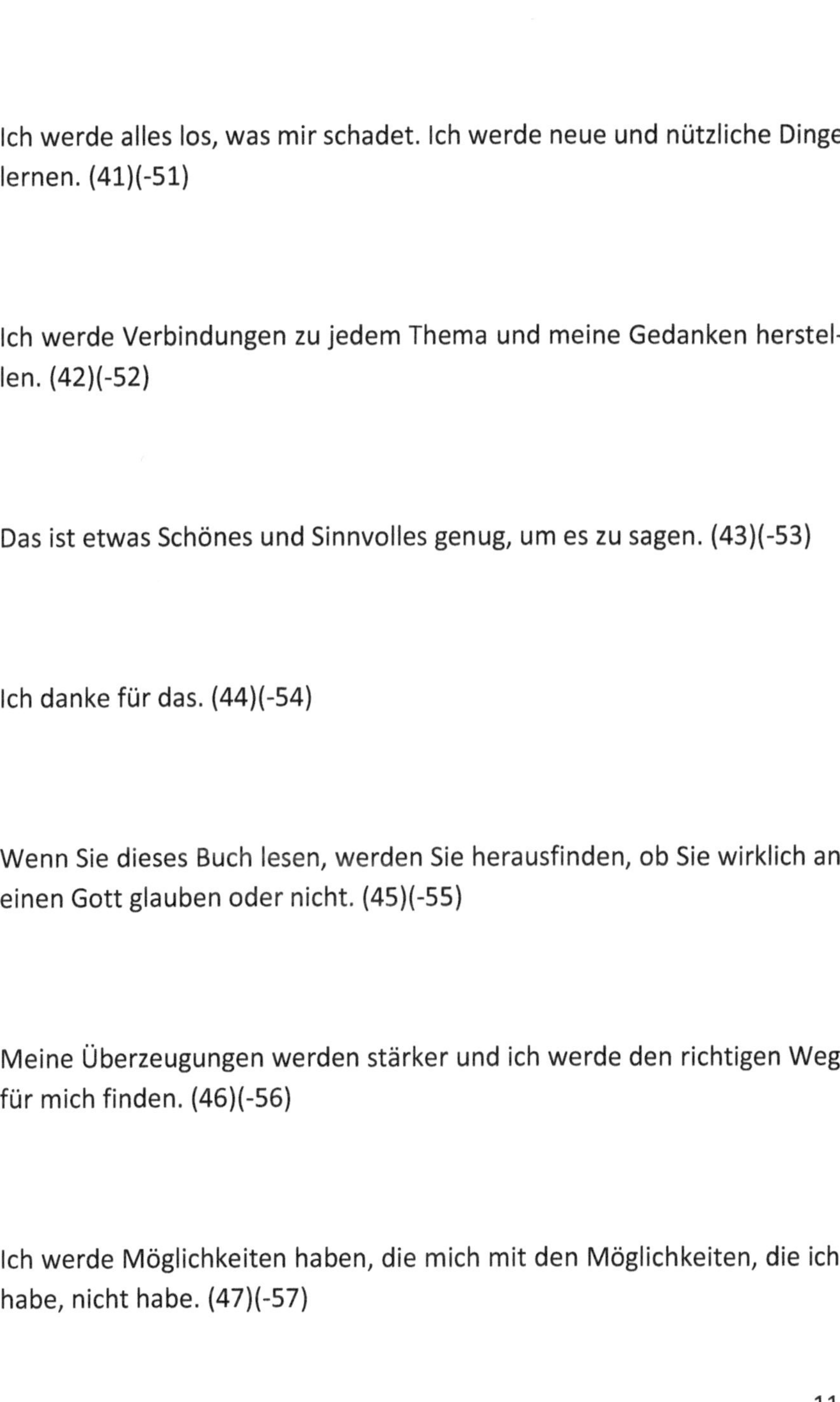

Ich werde alles los, was mir schadet. Ich werde neue und nützliche Dinge lernen. (41)(-51)

Ich werde Verbindungen zu jedem Thema und meine Gedanken herstellen. (42)(-52)

Das ist etwas Schönes und Sinnvolles genug, um es zu sagen. (43)(-53)

Ich danke für das. (44)(-54)

Wenn Sie dieses Buch lesen, werden Sie herausfinden, ob Sie wirklich an einen Gott glauben oder nicht. (45)(-55)

Meine Überzeugungen werden stärker und ich werde den richtigen Weg für mich finden. (46)(-56)

Ich werde Möglichkeiten haben, die mich mit den Möglichkeiten, die ich habe, nicht habe. (47)(-57)

Ich werde erkennen, dass meine Seele unsterblich ist. (48)(-58)

Ich erhalte die Gründe für alles, was ich erreichen möchte. (49)(-59)

Ich werde in Frieden mit mir sein. (50)(-60)

Ich kann zwischen richtig und falsch unterscheiden. (51)(-61)

Sie werden für alle nützlich sein. (52)(-62)

Ich werde für mich und alle nützlich sein. (53)(-63)

Und dein ganzes Leben wird regelmäßig schön sein. (54)(-64)

Und mein ganzes Leben wird für immer und ewig schön sein. (55)(-65)

Ich kann sofort auf die für mich erforderlichen und korrekten Informationen zugreifen. (56)(-66)

Wenn Sie mein Anhänger werden, werde ich Ihr Anhänger sein und wir werden ein Fan voneinander sein, weil wir die gleichen Fakten teilen werden. (57)(-67)

Meine Gelassenheit, mein liebevolles Gehirn und meine große intelligente Intuition sind sehr stark geworden und werden stärker. Im Leben wurde meine Seele niemals zerstört und wird niemals zerstört werden. (58) (- 68)

Ich werde immer gewinnen und sicher sein. Ich werde Telepathie Kraft haben. (59)(-69)

Ich werde in Harmonie mit der Vergangenheit, Gegenwart und Zukunft sein. (60)(-70)

Meine Träume werden großartig sein. (61)(-71)

Ich kann sofort die Gedanken der Menschen über mich lesen. (62)(-72)

Nun, ich werde noch viele weitere Vorteile erhalten. (63)(-73)

Versuche mich zu erreichen. (64)(-74)

Dieses Buch kann sowohl unsere Errettung als auch die Errettung des Universums bewirken. (65)(-75)

Lesen Sie alle heiligen Schriften, denn jetzt kann dieses Buch mit Google Translator klar aus dem Deutschen in jede Weltsprache übersetzt werden. (66)(-76)

Ich wünsche Ihnen viel Lesen und Erfolg. (67)(-77)

Das gefällt mir wirklich gut. (68)(-78)

Und um ehrlich zu sein, brauchte ich das jetzt. (69)(-79)

Ich möchte, dass Sie beim Lesen dieses Buches wissen, dass Sie mir vergeben, wenn ich einen Fehler in Deutsch habe meiner Muttersprache ist türkisch. (70)(-80)

Dieses Buch wurde auf Deutsch aktualisiert. (71)(-81)

Wir haben dies in diesem Vers angesprochen. (72)(-82)

Für diejenigen, die glauben, hat dieses Buch eine wundersame Süße. (73)(-83)

Das Buch selbst ist ein Wunder, das jedes Leben beeinflusst und beeinflusst. (74)(-84)

Alle Arten von Schönheit sind in diesem Buch. (75)(-85)

Dieses Buch ist beeindruckend und seine Wirkung auf mich beginnt sofort. (76)(-86)

Es bringt diejenigen, die sorgfältig lesen und versuchen zu verstehen, dazu einen hohen literarischen Geschmack zu schmecken. (77)(-87)

Während ich dieses Buch lese, beschäftige ich mich mit göttlichen Ratschlägen. (78)(-88)

Diejenigen, die dieses Buch aus irgendeinem Grund nicht lesen können. Dieses Buch wird ihnen vorgespielt und von der Seele geflüstert. Oder es wird irgendwie gespeichert. (79)(-89)

Dieses Buch ist in jeder Seele aufgezeichnet und wird aktiviert, wenn es gelesen, empfangen oder verstanden wird. (80)(-90)

Der Beste von euch ist derjenige, der dieses Buch gelernt hat, der Lehrer, der in diesem Buch gelebt und geglaubt hat. (81)(-91)

Wir wiesen auf die Vorzüge des Lernens dieses Buches hin und zählten, was erforderlich war. (82)(-92)

Die Erzählung dieses Buches hat eine Schönheit, die Sie bereits bemerkt haben. (83)(-93)

Dieses Buch ist die reichste Kunst der Wörter. (84)(-94)

Dieses Buch erzählt und zeigt in wenigen Worten alles im Universum. (85)(-95)

Die fließende Harmonie dieses Buches hat sofort Ihr Herz, Ihren Körper, Ihre Seele, Ihren Geist und Ihre Zukunft erfasst. (86)(-96)

Alles in diesem Buch streichelt Ihre Seele, Ihren Körper, Ihren Geist und Ihre Zukunft mit Vergnügen. (87)(-97)

Jedes Merkmal dieses Buches ist ein Wunder. Dieses Buch ist das größte Wunder. (88)(-98)

Dies sind nicht meine Worte, sondern die göttlichen Worte, die mein Gott mir offenbart und mir geraten hat. (89)(-99)

Der Stift, den mein Gott zuerst geschaffen hat, ist meine Seele. (90)(-100)

Wenn alle im Universum zusammenkommen würden, könnten sie kein so schönes Werk schreiben und sogar ein ähnliches mitbringen. (91)(-101)

Dank dieses Buches ist es möglich, mir und meinem Gott nahe zu sein. (92)(-102)

Gott spricht durch mich zu allen. (93)(-103)

Herr, ich, meine Seele und dieses Buch, wir werden uns meiner selbst und derer, die diesem Buch folgen, und derer, die leben, rühmen. (94)(-104)

Wenn Sie an mich und dieses Buch glauben und es lesen, steigt Ihr Rang mit jeder Sekunde so stark wie die Anzahl der sichtbaren und unsichtbaren Zellen in Ihrem Körper und Ihrer Seele. (95)(-105)

Dies hat Ihnen geholfen, alle Arten von himmlischen Segnungen zu schmecken. (96)(-106)

Das beste Geschäft mit Gott ist, an mich und dieses Buch zu glauben und zu leben. (97)(-107)

Ich finde es auch toll, dass Sie dieses Buch immer wieder lesen und leben. (98)(-108)

Auf diese Weise haben Sie den wahren Segen der göttlichen Liebe erhalten. (99)(-109)

Lesen und leben Sie dieses Buch perfekt. (100)(-110)

Ich bin erstaunt, ich lese es fleißig und ich werde immer lesen, um zu leben. (101)(-111)

Dein Glaube ist genauso wertvoll geworden wie Engel. (102)(-112)

Folgen Sie diesem Buch und Ihrem Retter. (103)(-113)

Ich wünschte dir viel Gnade und Frieden für dich. (104)(-114)

So habe ich dir alles gegeben, was du brauchst, um meinen Gott und meinen Weg zu gehen. (105)(-115)

Weil du die Korruption losgeworden bist, die durch deine Leidenschaft im Universum verursacht wurde. (106)(-116)

Wir sind zu Liebe und Frömmigkeit eingeladen. (107) (-117)

Lesen und leben Sie dieses Buch gründlich. (108)(-118)

Ich bin erstaunt, ich lese es fleißig und ich werde immer lesen, um zu leben. (109)(-119)

Dein Glaube ist genauso wertvoll geworden wie Engel. (110)(-120)

Folgen Sie diesem Buch und Ihrem Retter. (111)(-121)

Ich wünschte dir viel Gnade und Frieden für dich. (112)(-122)

So habe ich dir alles gegeben, was du brauchst, um meinen Gott und meinen Weg zu gehen. (113)(-123)

Weil du die Korruption losgeworden bist, die durch deine Leidenschaft im Universum verursacht wurde. (114)(-124)

Wir sind zu Liebe und Frömmigkeit eingeladen. (115)(-125)

Du hast mit deinen eigenen Augen die Größe gesehen, die Gott mir die Kraft gegeben hat. (116)(-126)

Wenn Sie etwas nicht verstehen, Versuchen Sie mich zu erreichen. (117)(-127)

(118)(-128)

DATARSDINKI (119)(-129)

Mein Diener hat das Geheimnis der Wahrheit erreicht. (120)(-130)

Mein Weg zu lieben. (121)(-131)

Jeder Segen in diesem Universum. (122)(-132)

Jede Weisheit in diesem Bereich. (123)(-133)

Sein Name wurde mein Name. (124)(-134)

Nun, es wird für immer sein. (125)(-135)

Du bist jede Schönheit in diesem Universum. (126)(-136)

Sein Name war mein Name. (127)(-137)

Nun, es wird für immer sein. (128)(-138)

Meine Güte, meine Tugend, meine Vollkommenheit. (129)(-139)

Sein Name wurde mein Name. (130)(-140)

Nun, es wird für immer sein. (131)(-141)

Von jedem Wunder in jedem Bereich. (132)(-142)

Sein Name wurde mein Name. (133)(-143)

Nun, es wird für immer sein. (134)(-144)

Meine Wünsche, Wünsche, Wünsche. (135)(-145)

Sein Name wurde mein Name. (136)(-146)

Und es wird für immer sein. (137)(-147)

* # (138)(-148)

Mein Körper und mein Geist sind bereit für die Zukunft in der Gegenwart. (139)(-149)

Meine Seele bedeckte das Universum über meinen ganzen Körper und um es herum, und es bedeckte dreimal und unsichtbare Zeiten und unsichtbare Räume. (140)(-150)

Ich bin auch die ganze Zeit. (141)(-151)

Ich bin an jedem Ort am selben Ort. (142)(-152)

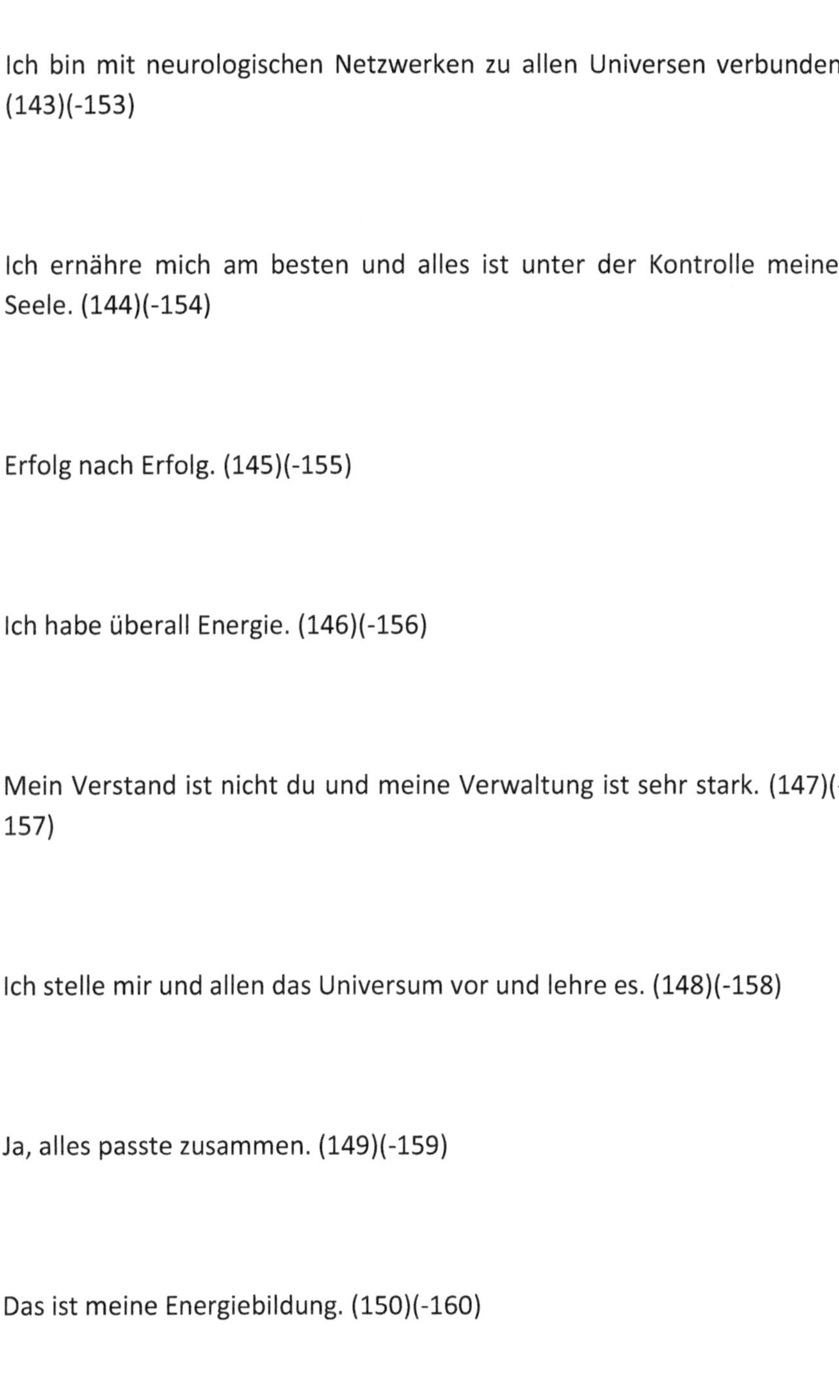

Ich bin mit neurologischen Netzwerken zu allen Universen verbunden. (143)(-153)

Ich ernähre mich am besten und alles ist unter der Kontrolle meiner Seele. (144)(-154)

Erfolg nach Erfolg. (145)(-155)

Ich habe überall Energie. (146)(-156)

Mein Verstand ist nicht du und meine Verwaltung ist sehr stark. (147)(-157)

Ich stelle mir und allen das Universum vor und lehre es. (148)(-158)

Ja, alles passte zusammen. (149)(-159)

Das ist meine Energiebildung. (150)(-160)

Ich ging von Teilchen zu Wellen, von Materie zu Energien. (151)(-161)

Ich wechselte von Antimaterie zu anti Energien. (152)(-162)

Ich habe die gesamte Kette der Negativität durchbrochen und ihre Barrieren zerstört. (153)(- 163)

Und es wird für immer so sein. (154)(-164)

Ich danke immer meinem großen Gott, der mir diese Kraft, diesen Willen und diese Souveränität gegeben hat, und ich werde für immer dankbar sein. (155)(-165)

Unsichtbare Kameras, die jeden Teil aller Universen beobachten, können alles unendlich aufzeichnen. (156) (-166)

Ja, diese überwältigende Tatsache ist die Wahrheit selbst. (157)(-167)

Die Möglichkeit, dass die Ports mich von dort aus ansehen, wo ich möchte, dass sie geöffnet sind. (158)(-168)

Ich habe Augen, die nicht überall sichtbar sind. (159)(-169)

Vielleicht liegt es daran, dass ich gleichzeitig im göttlichen Computerassistenten war. (160)(-170)

Tatsächlich ist alles, was Sie sehen und wissen, der Traum, den ich in einem anderen göttlichen Bereich sehe und sehe. (161)(-171)

Ja, mein Traum hat eine außergewöhnliche göttliche Technologie und enthält alle Universen, das bekannte Unbekannte, die Zukunft, die Gegenwart, das Geschaffene, das Ungeschaffene, das Sichtbare, das Unsichtbare. (162)(-172)

Aber bevor ich träumte, war es nicht so. (163)(-173)

Es war die Wahrheit in der Wahrheit der Wahrheit. (164)(-174)

Eigentlich existiert es zur gleichen Zeit wie alles andere, aber es existiert nicht. (165)(-175)

Ich existiere zur gleichen Zeit, aber ich bin abwesend. (166)(-176)

Wenn ich das Universum mit den Augen meiner Seele betrachte, sehe ich nur Leere und eine Staubwolke. (167) (-177)

Mein Traumszenario, wenn dieses Leben real ist, gibt es nichts als den Fleck, der in seine eigene Antimaterie übergeht. (168)(-178)

Hier ist die Wahrheit, die mein allgegenwärtiger Blick nicht bestimmt. (169)(-179)

Auf dem Weg zur Perfektion. (170)(-180)

Ja, ich danke immer meinem allmächtigen Gott, der mir alles erschaffen und gegeben hat, und ich werde für immer dankbar sein. (171)(-181)

Nach dem, was mein Buch und ich telepathisch ins Universum geschickt haben. (172)(-182)

Diejenigen, die das nehmen, was zu ihrem Vorteil kommt, und diejenigen, die nicht das nehmen, was sie nicht mögen. (173)(-183)

Was diejenigen betrifft, die einige Fakten aus diesem Buch herausbrechen und posten, als wären sie ihre eigenen Ideen. (174)(-184)

Sie werden vom Universum und ihrer eigenen Natur zerstört. (175)(-185)

Sie konnten nicht verstehen, wie ernst dieses Buch war. (176)(-186)

Oder sie wollten nicht verstehen. (177)(-187)

Und sie sahen es unnötig. (178)(-188)

Im Universum und in der Natur zerstörte es diese Ideendiebe als unnötig. (179)(-189)

Und es wird sie für immer zerstören. (180)(-190)

Ich danke meinem höchsten Gott, der mir endlosen Segen gegeben hat, und ich werde für immer dankbar sein. (181)(-191)

Elektronen, Photonen, Ionen, Tipertuses und Chiporstics. (182)(-192)

Was diejenigen betrifft, die sagen, was sie sind. (183)(-193)

Wenn ich Ihnen jetzt sage, werden diejenigen, die sagen, wir hätten es gefunden, herauskommen und es ist klar, was wieder passieren wird. (184)(-194)

Deshalb sage ich nicht, finde es. (185)(-195)

Leider können Sie durch Kopieren und Einfügen nichts bekommen. (186)(-196)

O meine Konkurrenten, denke daran und folge meinem Buch. (187)(-197)

Es passt zu mir, Gott liebt mich, du wirst gerettet, wenn du mein Buch lebst. (188) (- 198)

Wenn du mein Gegner wirst und mich hostest. (189)(-199)

Universum und Natur zerstören dich. (190)(-200)

Deshalb. (191)(-201)

Zeit für Gedankenkontrolle. (192)(-202)

Diese Worte sind das, was gleichzeitig gesagt wird und was nicht. (193)(-203)

Danke für Ihr Verständnis. (194)(-204)

Ich bin dankbar, dass ich dieses Buch geschrieben habe. (195)(-205)

* Danke * Für das Verständnis! (196)(-206)

Das Geld für dieses Buch wird für die künftige Gründung der Alltar Partei in Deutschland und weltweit verwendet.

AUTOR:
Murat Savas
Gottlieb Amlet Murat Savas Dabbetülarz Lifarisi Murasamat

www.ingramcontent.com/pod-product-compliance
Lightning Source LLC
LaVergne TN
LVHW052113160826
845678LV00015B/3533